DES CAUSES

DE LA

DÉPOPULATION EN FRANCE

ET DES MOYENS D'Y REMÉDIER

DES CAUSES

DE LA

DÉPOPULATION EN FRANCE

ET DES

MOYENS D'Y REMÉDIER

Cinquième question du Congrès médical de Lyon,
(septembre 1872)

PAR

LE DOCTEUR A. CARON,

Chevalier de la Légion d'honneur,
Membre de la Société de médecine pratique de Paris
et de plusieurs Sociétés savantes nationales et étrangères, etc.

LYON

IMPRIMERIE D'AIMÉ VINGTRINIER

Rue de la Belle-Cordière, 14

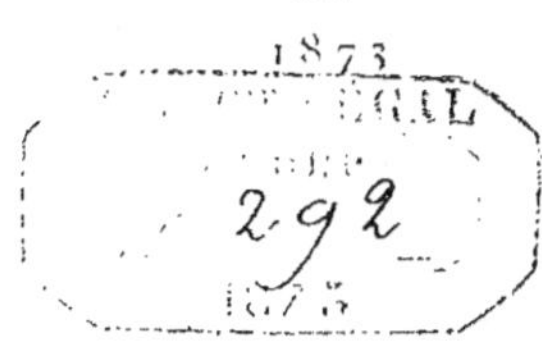

DES CAUSES

DE

LA DÉPOPULATION ET DE LA DÉMORALISATION

EN FRANCE

Messieurs,

Après tout ce qui, dans ces dernières années, a été dit et publié partout, sur la question des enfants et de leur première éducation, il peut paraître superflu de chercher à développer plus explicitement aujourd'hui les causes qui concourent le plus activement à diminuer la natalité générale de notre pays! Car il n'est aucun praticien, si jeune et si peu occupé qu'il soit, qui n'ait eu l'occasion de constater par lui-même toutes les circonstances que les familles, souvent les plus honorables, savent mettre en pratique pour satisfaire à leurs vues égoïstes, personnelles ; les moyens honteux et souvent coupables qu'elles osent mettre en œuvre pour s'opposer aux conséquences des légitimes satisfactions du mariage.

Combien pourrions-nous citer de jeunes ménages, des plus fortunés, chez lesquels nous avons entendu le mari, homme intelligent d'ailleurs, mais cupide, vaniteux, protester énergiquement contre la précocité de la famille, se vanter des procédés immoraux, répugnants, dont il s'est servi pour retarder la fécondité de son épouse, et qui, très-souvent, même en présence du refus formel de son médecin, n'a point hésité à recourir aux offices inconscients, aux manœuvres incestueuses d'une sage-femme, pour anéantir le fruit prématuré d'un premier amour.

Est-il absolument indispensable de rappeler à ces monstres humains les terribles chances qu'ils font courir à leur trop confiante épouse, les conséquences désastreuses auxquelles ils les exposent aussi témérairement; enfin les préjudices qu'ils causent à la morale publique, aux sentiments innés de la femme, qui, par la réflexion, ne manque jamais de faire peser sur qui de droit les tristes déceptions dont elle deviendra tôt ou tard la victime.

C'est, vous le savez tous, Messieurs, dans l'onanisme conjugal que s'évanouissent toutes les illusions de la jeune femme, que se brisent les cœurs les mieux trempés, et que prennent naissance toutes les folles aspirations de ces âmes en peine, qui attendent indéfiniment et vainement les douces, les profondes et sublimes satisfactions que leur promettait la vie matrimoniale.

En faut-il donc davantage pour faire comprendre où vont conduire de semblables procédés, pour donner la source de ces affections multiples, complexes, qui viennent assiéger ces organisations déjà délicates, souvent à demi-constituées, condamnées avant l'âge à subir la triste expérience des exigences maritales.

S'étonnera-t-on encore des conséquences physiques et morales auxquelles mènent infailliblement ces mariages financiers, véritables associations commerciales, où la dot de la fiancée tient lieu des qualités, des conditions hygiéniques et physiologiques qui seules devraient être le mobile de cette sélection conjugale.

Sous l'empire d'une telle existence, privée de ses plus légitimes aspirations, des satisfactions de toutes natures, la santé la plus vigoureuse ne saurait longtemps résister. Les fonctions organiques s'altèrent, se pervertissent, l'estomac bientôt se ralentit de son activité digestive, avec elles se détériore le sang et les sécrétions de toute nature qu'il est chargé de favoriser. Les organes, les appareils se faussent dans leur sensibilité primitive, les aberrations fonctionnelles se multiplient, s'aggravent, et, je vous le demande, quand, en fin de compte, ce mari altier, autoritaire, se croit en droit d'affronter les chances de la paternité, qu'il en réclame le privilége et la réalisation, quelles peuvent être les conditions de la femme, quelle salutaire participation peut-elle apporter dans une fonction qui lui est devenue antipathique, et pour laquelle ses organes sont si peu préparés? Quelle pourra être la cons titution des sujets, des enfants à naître d'un pareille assemblage? Que deviendront les générations de ces générations, à supposer que l'on persiste quelque temps encore dans la pratique de ces errements sociaux?

Pour vous donner, d'ailleurs, un tableau plus sensible et plus fidèle de l'enchaînement naturel des choses à cet égard, il nous suffira de prendre le jeune homme au sortir du collége, de le suivre en quelque sorte jour par jour, de lui demander compte de l'emploi de son temps et des procédés à l'aide desquels il prétend compléter son éducation universitaire, tant soit peu entachée des mauvais exemples de ses maîtres, des aspirations adventives d'une émancipation intempestive, où s'éteignent les derniers vestiges de la discipline, de la subordination nécessaires à cet âge; encouragés d'ailleurs à méconnaître l'influence bienfaisante et moralisatrice du travail, par les séductions de tous genres que font briller à ses yeux les amis et connaissances, souvent le père de famille lui-même, qui, imprudemment, ouvre à son fils les portes du café, lui donne l'exemple des jouissances de tout genre; les moyens hasardeux de se procurer l'argent, qu'il serait incapable de conquérir par son travail.

C'est dans la fréquentation de ces lieux infects où se débitent toutes les excentricités de l'inconduite, du libertinage, où s'étalent toutes les productions littéraires les plus malsaines, que ces fils de famille viennent compléter leur éducacation classique avortée.

La prompte initiation aux influences toxiques, énervantes, dissolvantes du tabac et du café ne manque pas de les conduire insensiblement et presque fatalement à la consommation des alcooliques de toutes espèces ; de renverser les dernières barrières de la raison, derrière lesquelles s'abritaient encore quelques sentiments de pudeur de la première enfance.

C'est alors que vaincus, subjugués par les funestes effets de cette existence de désordres, de prodigalité, il leur devient impossible de recourir aux voies ordinaires, aux sources du travail pour continuer à sacrifier leur temps et leur santé.

Honteux de leur propre conduite, fascinés, entraînés par un passé improductif, il leur faut viser au moyen de sortir du dédale dans lequel ils se sont aussi témérairement engagés. C'est alors aussi qu'ils songent à faire ce qu'en leur langage ils appellent une fin, ce qui veut dire faire un mariage dont la dot de la jeune femme puisse effacer les erreurs du passé, contribuer à former un établissement, fonder un cabinet ou payer une charge quelconque; ils se jurant à eux-mêmes, assez légèrement, il est vrai, qu'ils oublieront cette existence échevelée et que doit désormais commencer pour eux la véritable vie sociale, la vie de famille avec ses charmes et ses obligations !

Ce qui, à notre avis, est plus extraordinaire encore, c'est

de rencontrer des familles opulentes, honorables, qui consentent à donner leur fille à de tels prétendants, se retranchant trop facilement derrière ce spécieux argument qu'il faut bien que jeunesse se passe. Et après tout, ajoutent-ils, il a jeté sa gourme, il est plus en position de comprendre la nécessité de rentrer dans la bonne et véritable voie sociale.

La fortune qu'ils leur donnent faciliteront leurs affaires commerciales, et l'amour, les affections se développeront par le contact. Ceux qui raisonnent ainsi nous paraissent bien confiants, imprudents même ; ne semblent-ils pas, en agissant ainsi, se faire les complices de l'immoralité et de la dépravation sociale dont nous nous plaignons ?

Pourquoi donc s'étonner alors que ceux auxquels il reste encore un peu de cette pudeur, dont les qualités du cœur ne sont point encore complètement refroidies, préfèrent terminer leur vie comme ils l'ont commencée, et demandent au célibat *enjolivé* les seuls agréments qu'il leur soit possible de goûter encore.

C'est qu'ils comprennent bien qu'ils ne sauraient travailler assez courageusement pour répondre, par leurs propres ressources, à l'existence de toute une famille. Aussi, dans ces conditions, faut-il que la femme apporte dans la communauté de quoi se suffire à elle-même, quand d'autres fois cette dot n'est point encore suffisante pour tous les deux.

Mais, en définitive, un des ces hommes que nous étudions là, après avoir fait de la femme une aussi étrange accoutumance, s'en être amusé au point de ne la plus voir que par ses plus aimables défauts de coquetterie, son instabilité, sa légèreté de caractère, en un mot, de ne plus croire du tout à ses meilleurs instincts, à ses plus nobles qualités, pourra-t-il se décider jamais à envisager le *matrimonium* dans son véritable sens philosophique et physiologique, cette condition qui impose à l'épouse l'obligation d'élever elle-même ses enfants (*matrem monere*, apprendre à être mère).

Sublime et providentielle destinée, qui fait de la femme l'être le plus tendre, le plus sympathique, le plus édifiant qu'on puisse rêver, l'*alma viva* de la création, la providence des familles et des nations !

En admettant qu'ils consentent à s'imposer toutes les vertus domestiques auxquelles ils se sont si peu familiarisés, qu'ils entrevoient dans cette nouvelle existence des félicités quelconques, comment hélas pourront-ils satisfaire aux nouvelles obligations physiologiques du matrimonium? La grande majorité de ces ci-devant jeunes et si fiers dandys, fatigués, usés, épuisés, traînant avec eux l'emblème d'une sénilité anticipée, ne pourront consacrer à la fonction génésique qui, nous l'avons dit, leur est devenue si peu sympathique, que les restes impurs d'une semence souvent contaminée et le plus ordinairement très-imparfaitement élaborée. Force leur est donc aussi de ne convoiter que la main de femme d'un âge assez disparate, dont les goûts, les aspirations contrastent plus encore.

Par toutes ces raisons, on est facilement édifié sur les conséquences de ces unions et la préférence du plus grand nombre pour la vie célibataire, qui semble les soustraire aux chances d'une paternité quelquefois interrogative.

En toute occurrence, on est en droit de se demander quelles seront les compensations sociales d'un pareil état de choses, et combien la natalité proprement dite se trouvera profondément compromise !

Il serait oiseux de pousser plus loin les récriminations à faire contre la conduite de ceux qui sont appelés à concourir à la reproduction de l'espèce, sans examiner, d'autre part, si la femme elle-même est, par son éducation, toujours convenablement préparée à répondre aux obligations qui lui incombent dans le mariage ?

A Dieu ne plaise que nous soyons disposé à lui accorder d'emblée son *dignus es intrare* ; car nous ne le savons que trop nous-même, et l'expérience de tous les jours démontre combien peu de jeunes femmes sont constitutionnellement préparées à l'accomplissement de ces devoirs conjugaux.

N'insistons pas sur les causes organiques proprement dites, qui ressortent plus particulièrement de l'hygiène générale, si profondément négligée, inconnue même dans l'éducation de la demoiselle nubile, et tout cela par une pure et spéculative pruderie, frisant l'hypocrisie, résultant des préjugés dont malheureusement nous avons tant de peine à nous débarrasser dans notre pays. Aussi est-ce par un étrange abus de cette ignorance qu'on condamne les jeunes femmes à entrer trop tôt dans les liens du ménage ; qu'on se révolte à l'idée de leur apprendre les lois hygiéniques, les obligations physiologiques auxquelles elles vont être condamnées à se soumettre, tandis qu'on leur présente le tableau de la maternité comme le champ-clos de toutes ses misères, de toutes ses maladies, si bien qu'aucunes d'elles se laissent trop facilement convaincre de leur infériorité organique, de l'absence de ces sentiments providentiels ; et que pour les plus futiles motifs elles s'exonèrent des charges de la maternité en faveur de femmes non mieux douées, ni mieux instruites, mais seulement plus insouciantes, indifférentes aux souffrances des enfants, n'envisageant d'ailleurs dans cette nouvelle condition qu'une amélioration de son bien-être personnel dans cette nouvelle industrie. Ce qui les autorise à en agir avec moins de prudence et de sollicitude, et à compromettre plus directement encore la viabilité des sujets qui leur sont confiés. Aussi n'a-t-on point hésité à leur appliquer la qualification de *faiseuses d'anges*.

Voilà par quelles circonstances on prétend ménager la santé des mères de famille, conserver leurs agréments, en augmentant la mortalité des enfants, en brisant les sentiments les plus purs, les instincts les plus légitimes ; on déprécie la femme, on la démoralise, et puis on se plaît ensuite à la rendre responsable de tout le mal qu'elle n'a pas fait, mais qu'on lui a fait faire !

Quant au contraire il serait si facile de les initier progressivement, et suivant leur âge et leur développement intellectuel, aux plus importantes questions de la *puériculture*, de leur présenter ces études de manière à les inspirer des plus sublimes élans, les leur faire envisager comme la véritable source de toutes les félicités féminines.

D'un autre côté, c'est bien évidemment aussi par la vulgarisation de ces connaissances toutes spéciales que l'on peut, que l'on doit espérer de répondre aux autres questions de votre programme, en ce qui concerne les bureaux de toutes sortes, y compris les crèches, les asiles destinés à la première enfance, sans en excepter même la Société protectrice de l'enfance, dont tous les efforts ne peuvent aboutir que par l'instruction donnée aux nourrices elles-mêmes, soit pour l'allaitement mercenaire, soit pour l'allaitement artificiel au biberon, dont on s'effraye beaucoup plus que de raison, à cause même de l'ignorance pratique à ce sujet. — C'est nécessairement en s'appuyant sur ces données toutes scientifiques, corroborées d'une pratique consciente et persévérante, que l'on arrivera à poser les bases du règlement à mettre en vigueur dans ces institutions éminemment philanthropiques, qui, généralement, n'atteignent pas leur but, parce qu'elles sont, la majeure partie du temps, exclusivement abandonnées seules aux fantaisies de ceux ou de celles qui les dirigent, comptant toujours sur les prétendues connaissances, sur les qualités instinctives des femmes qui, hélas! n'ont d'autre mérite de leur dévoûment que la position qu'elles occupent, du bon vouloir qu'elles peuvent essayer de mettre à réaliser une œuvre pour laquelle elles subissent fatalement les entraînements de toutes les erreurs attachées aux pratiques qu'elles suivent, et qui résultent des préjugés, des us et coutumes en honneur dans le pays ou la localité qu'elles habitent.

En nous arrêtant à ces plus essentielles démonstrations des causes de la dépopulation par la natalité et par la mortalité des nouveau-nés, n'avons-nous donc pas implicitement montré le chemin qu'il faudrait suivre pour remédier à de telles conséquences :

A savoir, de modifier, à l'heure présente, l'éducation de tous, depuis la naissance jusques et y compris celles des âges suivants;

De vulgariser pour les mères, les nourrices, les vrais principes de la *puériculture* d'après les bases sur lesquelles nous avons essayé de la présenter dans notre traité publié, en 1866, chez Germer-Baillière.

Pour le second âge, c'est-à-dire pour cette période qui comprend, à proprement parler, l'éducation classique universitaire, demander aux hommes de cette corporation les réformes, les améliorations que l'expérience et l'étude des récents malheurs que nous venons de subir doivent leur avoir inspirées; de se pénétrer profondément eux-mêmes des impérieuses nécessités de tenir plus que jamais à la discipline, à l'observation des règles de la tempérance et de l'obéissance aux supérieurs et à la famille.

Ne point hésiter même à s'imposer au besoin les privations personnelles de toutes espèces pour servir et assurer la réalisation des réformes qu'il faut obtenir.

Pour arriver aussi rapidement que possible à un semblable

résultat, nous ne nous dissimulons pas qu'il faudrait que la société actuelle, telle qu'elle est, telle qu'elle fonctionne, ait préalablement à faire de puissants efforts de raison et de sagesse, s'imposer énergiquement l'obligation de briser avec cette vie de dissipation, de jouissances égoïstes, portée au paroxysme du délire, comme chacun se plaît à le prouver en proclamant que, nous autres Français, nous sommes tous fous !

Mais en définitive, et quoi qu'il puisse en coûter à chacun de nous, nous devons comprendre le devoir que nous impose le malheur commun qui est venu nous frapper, et c'est avec un sentiment de généreuse et loyale fierté que nous devons montrer à l'univers entier, que la France, notre belle France n'est point prête à sombrer ; que ceux que l'on a si vertement admonestés sont encore capables des plus nobles vertus et dignes à tous égards de conserver le rang élevé qu'ils se sont acquis dans la civilisation moderne.

Sachons aussi comprendre que ce n'est point par la force brutale, par cette affreuse science des armes destructives que s'opèrent les améliorations sociales que nous poursuivons, laissons à son auteur toute la responsablilité de son brutal argument : que la force prime le droit !

Instruisons, moralisons, glorifions nos successeurs par notre nouvelle manière de faire, et c'est alors que nous compléterons les dernières questions de ce programme en diminuant, réduisant à leur plus simple expression les contingents militaires, en les maintenant sous les drapeaux juste le temps nécessaire pour les former à la vie de discipline, leur inspirer les vertus civiques et politiques qui peuvent, qui doivent resserrer les liens de la fraternité, de l'égalité, sans les compromettre ; nous dicter à tous la solidarité protectrice du foyer domestique, sans diminuer les aspirations sentimentales de la famille.

Rendons plus promptement aux sources du travail et de la prospérité publique des agents intelligents, des ouvriers actifs, laborieux, que l'éducation mieux comprise et mieux dirigée aura préparés à la vie des affaires publiques.

Avant de terminer cet examen philosophique des exigences sociales, et dans le but d'augmenter autant que possible les éléments de la natalité générale, nous rappellerons le préjudice que nous cause le célibat volontaire, et, à côté de cela, nous formulerons le vœu de voir restreindre aussi le nombre de ces communautés religieuses des deux sexes, qui, elles aussi, sont un assez étrange diverticulum de la reproduction sociale ; nous ne verrions, d'ailleurs, pas pourquoi ces corporations, si on les juge nécessaires, indispensables à l'harmonie des sociétés, ne consentiraient pas, tout comme nous, à obéir aux devoirs et aux obligations de la vie physiologique, pour laquelle leurs membres ont été créés tout comme les nôtres !

En nous arrêtant ici, à ces dernières considérations, nous espérons avoir répondu, en partie au moins, à un grand nombre des questions qui nous étaient posées, et être venu apporter le fruit de notre expérience, les aspirations rénovatrices que nous supposons pouvoir concourir le plus heureusement à l'émancipation intellectuelle et morale que nous ambitionnons tous, en donnant enfin à la société toute entière l'exemple du dévoûment avec lequel les médecins savent toujours comprendre et réaliser le mandat scientifique et professionnel qu'ils ont accepté.

9 782013 701501